MANESSE BÜCHEREI

48

Johann Heinrich Pestalozzi

FABELN

Ausgewählt und mit einem Nachwort
von Heinz Weder

Manesse Verlag
Zürich

Inhalt

Stoffels Brunnen – 9
Stoffel und seine Uhr – 10
Löwe und Reh – 11
Der Löwe, die Schlange und der Teufel – 12
Der Löwe und sein Ratgeber – 13
Ein Esel und ein Löwenschädel – 14
Fuchs und Esel beurteilen den Löwen – 15
Kauz und Adler – 17
Gauch und Käfer – 18
Ein alter Elefant – 19
Der Elefant motiviert sein Urteil über die Regierungsunfähigkeit der Tiere – 20
Wie die Tiere überhaupt regieren würden – 22
Das kranke Bäumchen – 27
Der Zankapfel – 28
Der Wind und der Schiffer – 29
Die Welle und das Ufer – 30
Faule Eichen und junge Tannen – 31
Die Brücke und der Weg – 32
Die ungleichen Herren – 33
Der Fuchs erklärt das Wort Usurpation – 34
Der Halbfuchs und der Ganzfuchs – 35
Ein Fuchs und ein Esel – 36
Zwei Pferde und die Deichsel – 37
Zwei Füllen – 38

Die verwandelten Schafe – 39
Eis und Eisen – 40
Was ist der Mensch? – Blatt oder Stamm? – 41
Das Menschenvertilgen – 42
Alte Zeit, gute Zeit – 44
Das Storchenland – 45
Nero – 46
Zwei Schäfer – 47
Hühner, Adler und Mäuse – 48
Zwei Weiden – 49
Der Luchs – 50
Sonne und Mond – 51
Schwamm und Gras – 52
Der Strahl und der Graswurm – 53
Der Sturm und die Schneeflocke – 54
Die Entstehung der Berge – 55
Was der Affe bei der Schlange gelernt hat – 56
Die Affen-Beichte – 57
Ein Stier und ein Biber – 58
Der Biber und der Marder – 59
Die Anbetung des Teufels – 60
Künstler und Narren – 61
Der Raupenfänger – 62
Das hohe Roß und der Zwerg – 63
Die Menschengerechtigkeit – 64
Der Tiere Gerechtigkeitspflege – 66
Die Affengerechtigkeit – 67
Die Katzengerechtigkeit – 68

Die Spinnengerechtigkeit – 75
Die Begriffe der Bienen von der Freiheit und der Gerechtigkeit – 77
Der allgemeine Tierfortschritt in der Gerechtigkeit – 78
Die Freßordnung im Hühnerstalle – 79
Das Schuhmaß der Gleichheit – 82
Von Zäunen mit faulem Holze und von schlechten Dorfvorgesetzten – 83
Der Seelenverkäufer – 85

Nachwort – 87
Zur Auswahl – 95

Stoffels Brunnen

Als des eiteln armen Stoffels Hausbrunnen beinahe abstund, befahl er seinem Knecht: «Wenn niemand um den Weg ist, so stopfe die Röhre; wenn aber ein Fremder durch den Hof geht, so lasse sie laufen.»
Der Knecht antwortete: «Damit wird der Brunnen immer schlechter, und ich kann weder zur rechten Zeit tränken, noch zur rechten Zeit schöpfen.»
Der Meister erwiderte: «Ich will für einmal alles lieber, als daß mein Herr Nachbar merke, daß mein Brunnen schlecht ist.»

Man sollte nicht glauben, wie viele solche eitle Gimpel es in unsrer Zeit gibt.
Ganz neulich sagte in meiner Gegenwart eine solche Gimpelmutter zu ihrem Kinde: «Mach doch in allem, was du tust, daß es auch eine Art hat.» – «Aber wie muß ich das machen?» fragte das Kind. Die Mutter erwiderte: «Ich will es dir sagen. In allem, was du tust, mußt du immer darauf sehen, daß niemand merke, was du damit suchst, und dir niemand ansehe, was du dabei denkst.»

Stoffel und seine Uhr

«Wenn du gehst, so schleifst du dich aus; wenn ich dich aufziehe, so kannst du zerspringen» – also sprach Stoffel, der blinde Erbe der Uhr, und machte nach reifem Bedenken der Sache ihr endlich das Urteil: «Steh still – und meinethalben verroste.»

Es gehen tausendmal mehr Kräfte der Menschennatur dadurch verloren, daß man sie stillstehen und ungebraucht verrosten läßt, als dadurch, daß man sie durch überspannte Anstrengung in sich selber zersprengt oder durch langen, anhaltenden Gebrauch abschleift und durch Ermüdung unbrauchbar macht.

Löwe und Reh

Der Löwe meinte, das Reh sollte in jedem Falle stillestehen, wenn er rufe.
Aber das Reh antwortete ihm: «Der große Jupiter hat das meinem Herzen verboten, wie dir das Grasfressen.»

Jupiter hatte sehr recht, sonst würde es gewiß dahin kommen, daß auch die Mäuse den Katzen stillstehen müßten, wenn sie nur miauten.

Der Löwe, die Schlange und der Teufel

Der Löwe stritt einst mit der Schlange, wer von beiden eines höhern Geschlechts sei. Der Löwe sagte: «Der große Jupiter schuf mir hinter meinem Rachen eine sorgenfreie Brust.» Die Schlange antwortete: «Und mir gab er eine Kraft zu töten, die keinen Schein hat, und eine Wohnung, zu welcher niemand kommen kann.»
Der Teufel hörte ihr Gespräch und sagte zu sich selber: «Bei meiner Hölle, wenn die Kräfte, die in diesen zwei Tieren liegen, in einem einzelnen vereinigt wären, ich hätte vor diesem fast soviel als nichts zum voraus.»
Ein Mann, der dieses Gespräch hörte, sagte: «Wenn der Teufel diese doppelte Tierkraft unter den Menschen gesucht hätte, so hätte er sie hie und da ganz gewiß vereinigt gefunden.» Er setzte dann noch hinzu: «Aber Gnade Gott einem jeden Menschen, der unter die Hände einer dieser vereinigt gedoppelten Tierkraft zu fallen das Unglück hat.»

Der Löwe und sein Ratgeber

«Ich sehe ungern, daß man immer mehr Hunde in meinen Dienst nimmt» – also sagte ein Löwe, der seinem Ende nahte, zu seinem Vertrauten. Dieser wußte nicht, was er dem sterbenden Löwen antworten sollte; aber er fühlte tief im Herzen die drückende Wahrheit: So wie die Löwen unbrauchbar werden, werden die Hunde unentbehrliche Tiere.

Ein Esel und ein Löwenschädel

Ein Esel fand einen solchen. Es schauerte ihm noch vor dem toten Gebiß. Der Schädel, der es sah, sagte ihm spottend: «Siehe da neben mir den großen Elefantenzahn; das ist etwas zum Zittern.»

Aber der Esel antwortete ihm: «Nein, nein, dieser sagt mir nur: ‹Tue recht!› – du aber sagst mir: ‹Ich fresse dich.›»

Fuchs und Esel beurteilen den Löwen

Da einst ein Löwe, so gut er konnte, gerecht war, das heißt, da er die Tiere seines Waldes gar nie zu seiner Lust zu Tode jagte, sondern nur zu seiner Erhaltung auffraß, erhub ein Esel gegen den Elefanten ein großes Geschrei und sagte: «Du großer Baumnascher, komm und siehe, ob es wahr sei, was du immer behauptest, daß die Löwen zu regieren nichts taugen!»

Der Elefant ließ ihn reden und pflückte Kokosnüsse von seinem Baume. Aber ein Fuchs, der eben jetzt nicht im Löwendienst war, antwortete ihm: «Wenn du nicht ein Esel wärst, so würdest du begreifen, daß Tiere, die nicht leben können, ohne andere zu fressen, ewig nie gegen eben diese Tiere gerecht sein können.»

«Das denk ich: Du! Aber er ist doch gerecht, unser Herr», erwiderte der Esel.

Und der Fuchs: «Ja, er hat eben gestern, ich denke aus Vollmaß seiner Gerechtigkeit, ein Pferd zerrissen, weil es gesagt hat, er regiere um seiner selbst und nicht um des andern Viehs willen.»

Der Esel war unterrichtet und antwortete: «Der Fall, wie du ihn erzählst, ist entstellt. Der Löwe hat das Tier nicht um der Gerechtigkeit willen zerrissen, er hat es um der öffentlichen Meinung willen tun müssen.»

Der Fuchs, wenn er schon ein mitfressender Tierschalk war, hatte doch recht. Die Tiere haben keinen Frieden und keine Gerechtigkeit, weil sie Tiere sind und als Tiere nur tierisch fühlen, denken und handeln. Und umgekehrt haben die Menschen nur insoweit Frieden unter sich und Gerechtigkeit untereinander, als sie wahrhaft menschlich denken, fühlen und handeln. Daß aber der Fuchs diese Wahrheit ausspricht, ist leicht dadurch zu erklären, daß er nicht mehr im Löwendienst war; denn man weiß ja, Tiere außer dem Dienst reden ganz anders als Tiere im Dienst. Weit unerklärlicher erscheint mir die Antwort des unterrichteten Esels; man sollte fast denken, er wäre an des Fuchses Statt im Löwendienst angestellt gewesen. Wie wären sonst ein armer Distelfresser und der Unterricht zusammengekommen?

Kauz und Adler

Als die Vögel einen Kauzen aushöhnten, sagte ihnen ein zuschauender Mensch: «Dem Adler, dem Adler solltet ihr euren Unwillen also zeigen!» Die Vögel erwiderten: «Wir wissen wohl, daß der Adler viele von uns frißt; aber wir verspotten den Kauzen nicht, weil er uns frißt, sondern weil er wie ein Narr Augen macht, wenn er uns anschaut.»

Die Vögel hatten recht. Es kann jemanden, der weiß, was die Augen im Menschenkopf bedeuten sollen, nichts Widrigeres sein, als von jemand mit Nachteulenaugen angeguckt zu werden.

Gauch und Käfer

Ein schwarzer Käfer warf dem Gauch vor, er stinke. Aber dieser antwortete ihm: «Ich bin doch schöner als du, und wenn mich einer gesehen hat, so bedarf er eben nicht noch an mir zu riechen.»

Ein alter Elefant

Er war eben nicht der Klügste aus seinem Geschlechte, aber er bekam dennoch wegen der Ordnung, die er unter den Tieren eines kleinen Bezirks hatte, einen so guten Namen, daß ihn die Tiere eines großen Landes baten: «Werde unser König!»
Er wollte im Anfange nicht und sagte: «Ich will bei meinen alten Tieren leben und sterben.» Aber auch diese baten ihn und sagten: «Nimm die Ehre an und werde ein König.»
Er tat es endlich; aber die Folge davon war: Die Tiere des alten Bezirks verloren einen Führer, mit dem sie zufrieden waren, und die Tiere des großen Landes bekamen einen, mit dem sie unzufrieden werden mußten.
Das alte Tier war zu kleinlich für ein Königreich; aber durch sein Königreich zugleich auch unfähig, seinen alten Forst so ordentlich und sorgfältig zu verwalten, als er es vorher getan.

Der Elefant motiviert sein Urteil über die Regierungsunfähigkeit der Tiere

Ein Mensch, der diese Elefantenäußerung hörte, sagte zu ihm: «Ich wünschte zu wissen, wie du dein Urteil über die Regierungsunfähigkeit der Tiere gegen sie einzeln begründen könntest.» Der Elefant erwiderte: «Beim Löwen sind, außer seinem in Blutsachen allen Verstand tötenden Rachegefühle, noch seine allgemeine Verachtung der Tiere, sein stolzer Anspruch an ungestörte Ruhe und seine den Mord wie ein Nichts vollbringende Organisation ein ewiges Hindernis der Teilnahme, ohne die keine Regierungsfähigkeit stattfindet. Daß auch die Esel gerne regieren möchten, ist sehr natürlich, indem ihnen kein anderes Mittel übrigbleibt, sich einem elenden Leben zu entziehen. Aber ewig lebt unter einem abgeriebenen Fell die Beruhigung nicht, ohne die ebenfalls keine wahre Regierungsfähigkeit statthat. Auch ein Stier wird am Pfluge zu müde, als daß er sich zu einer ruhigen, von Selbstsucht freien Gemeinnützigkeit emporheben könnte. Der Hund ist zum Knechte geboren. Lecken und Bellen in einem Munde gehört ewig an die Kette. Der Fuchs vereinigt, neben der Mordlust des

Löwen, die ängstliche Besorgnis, selbst gefressen oder zu Tod geprügelt zu werden. Hieraus entspringt eine Gemütsstimmung, die die Teilnahme und die Zuverlässigkeit zugleich ausschließt. Die Schlange ist nichts anderes als ein Fuchs ohne Beine mit noch tausendmal stillerer Mordkraft. Der Rehbock kommt durch die Eitelkeit, die neben seiner Gutmütigkeit unter seinem Horn und hinter seiner Nase sitzt, alle Augenblicke in Gefahr, in seinem Einfluß auf die friedlichen Tiere ein Spiel der Fleischfressenden zu werden.»

Wie die Tiere überhaupt regieren würden

«Wenn wir jetzt auch Menschen wären und wie sie die Erde regieren könnten, was würden wir auch tun?» Also sagte ein Affe zu einer Tierschar.
Der Löwe antwortete: «Ich würde tun, was mich gelüstete und es dann darauf ankommen lassen, was daraus entstünde.»
Der Esel sagte: «Ich würde in eine Schule gehen, und was ich darinnen lernen würde, das müßten mir Menschen und Tiere dann alle auch lernen und betreiben.»
Das Schwein sagte: «Ich würde die ganze Erde mit Eicheln besäen und dafür sorgen, daß die gemästeten Tiere allenthalben Pfützen fänden, sich darin zu erquicken.»
Der Hund sagte: «Ich würde, denke ich, auch dann ein Hund bleiben und also dem dienen, der mich fütterte und streichelte, und den anbellen, an den er mich hetzte.»
Der Stier sagte: «Ich würde eine große Ratsstube erbauen; alles müßte mir beim offenen Mehr verhandelt werden und Recht sein, was das Mehr wollte.»
Der Fuchs sagte: «Die Stierenordnung würde mir recht sein; aber ich würde mich hinter den Rats-

bänken hindurch in ein Geheimnest unter den Thron hinschleichen und dann da freilich nicht für das Stierenmehr, sondern für meine Fuchsgelüste zu arbeiten suchen.»

Die Schlange sagte, sie wolle der Tiere Teufel sein und sie durch Entsetzen zu allem dem hinführen, was ihre weisern Obertiere von ihnen fordern würden.

Der Rehbock fand den Antrag der Schlange abscheulich und trug seinerseits an, die Tiere von des großen Jupiters wegen und mit lauter Liebe zu eben diesem Endzwecke hinzuführen.

Der Affe sagte: «Bald denke ich, ich wollte alle Tiere tun lassen, was sie gelüstete, und Freude haben am Spiel ihrer Freiheit, bald aber, ich wollte mich auf einen Thron setzen, der wie die Sonne glänzte, und alle Tiere der Erde müßten mir mit dem Schilde meiner Herrschaft auf eine Weise bezeichnet sein, daß man sie daran auf tausend Schritte hin als Untertanen meiner Hoheit und Herrschaft erkennen würde.»

Der Elefant wollte lange seine Meinung nicht sagen; da aber vom Löwen an bis zum Esel hinunter alles in ihn drang, sagte er: «Wenn ich regieren müßte, so würde ich glauben, nur insoweit gut zu regieren, als ich verhüten könnte, daß von allem dem, was ihr in diesem Falle tun würdet, gar nichts geschähe.

Ich würde also trachten, daß König Löwe gar nicht tun dürfte, was ihn gelüstete.
Ich würde dem Ratsherrn Esel bedeuten, die Eseleien seiner Schuljahre für sich selbst zu behalten und sie gar nicht zu Normalformen der allgemeinen Bildung des Viehreichs zu machen.
Ich würde dem Gemeinmann Schwein sagen, daß Menschen und Vieh nicht allein von Eicheln leben und daß die Pfützenordnung, die ihm so lieb sei, und seine wilden Borsten eigentlich nicht schlechter mache als sie schon seien, den meisten andern Tieren ihr Fell verderben würde.
Dem Allerweltsknecht Hund würde ich erklären, daß er kurzum nicht mehr Hund sein oder nicht regieren müsse.
Dem Innungsmeister Stier würde ich sagen, daß bei einem Gemeinmehr, bei welchem ein Stier präsidiere, der Stier selber auf seinem Präsidentenstuhl von den Füchsen unter dem Thron einem Metzger verkauft werden könnte.
Dem Geheimrat Fuchs würde ich seine Höhle unter dem Thron mit einer Glastüre beleuchten und ihm alle Schleichwege hinter den Ratsbänken verrammeln.
Dem infamen Affen würde ich das Viehmäßige, beides, seiner Freiheits- und seiner Regierungsgelüste mit der Knute auf seinem Hintern austreiben.

Die satanische Schlange würde ich fangen und würgen, wo ich sie fände.
Der geweihten Einfalt des Rehbocks würde ich die Schädel aller wilden Tiere an seine Hörner aufhängen, damit er sich anatomisch und physiognomisch überzeugen lerne, wie groß die Torheit sei, Menschenwahrheit und Menschenrecht in Löwenschädel, in Stierenköpfe, in Hundsbäuche und in Schlangenhäute hineinpredigen zu wollen.»
Der ganze Tierkreis schnitt lange Gesichter; aber er schwieg. Nur der Löwe antwortete: «Ich weiß es schon lange, daß du den Adel aller Bluttiere verachtest und dich allein den schwachen aber hinterlistigen Feinden unseres Geschlechts, den Menschen, gleich glaubst.»
Der Elefant versetzte: «Von mir sagte ich nichts; aber was ich über euch urteilte, das ist Wahrheit. Ihr seid alle an Hirn und Herz nicht so beschaffen, daß es gut gehen könnte, wenn ihr regieren würdet; den Fall ausgenommen, wenn ihr mit Gewalt gehindert würdet, nach eurem Herzen und nach eurem Kopfe zu regieren.»
«Aber das würden wir in keinem Falle leiden», schrie jetzt der ganze Tierkreis, und der Elefant antwortete: «Ebenso schreien auch unter den Menschen alle die, so euch gleichen, wenn Recht und Gesetze sie hindern wollen, gewalttätig, hin-

terlistig, niederträchtig, dumm, herzlos und affensüchtig, das heißt so zu regieren, wie ihr es allenfalls auch könntet, wie ich es aber in keinem Fall möchte.»

Das kranke Bäumchen

Sein Vater hatte es gepflanzt – es wuchs mit ihm auf; es liebte es wie eine Schwester und wartete seiner wie seiner Kaninchen und seiner Schäfchen.
Aber das Bäumchen war krank; täglich welkten seine Blätter. Das gute Kind jammerte; riß ihm täglich die welkenden Blätter von seinen Zweigen und goß dann auch täglich gutes, nährendes Wasser auf seine Wurzeln.
Aber einmal neigte das leidende Bäumchen seinen Gipfel gegen das liebende Kind und sagte zu ihm: «Mein Verderben liegt in meinen Wurzeln; wenn du mir da hilfst, so werden meine Blätter von selbst wieder grünen.»
Da grub das Kind unter das Bäumchen und fand ein Mäusenest unter seinen Wurzeln.

Der Zankapfel

Affenkinder baten ihren Vater um einige Äpfel aus dem Vorrate, den er vor ihnen verborgen hatte. Er antwortete ihnen: «Ihr seid mir lieb; aber der große Jupiter hat euch Hände und Füße gegeben wie mir; also seht, wie ihr selbst Äpfel findet.» Indessen warf er ihnen einen, aber nur einen dar.
Sie zerrissen sich ob demselben alle miteinander die Haut.
Es freute indessen den alten Affen, zu sehen, wie sich seine Jungen darüber zerkratzten. In seiner Affenseele, in der er sich keine andere Tierkraft als eine Affenkraft zu denken vermochte, stellte er sich vor: Indem sie sich also dafür zerkratzen, stärken sie sich die Kräfte, die sie nötig haben, sich in Zukunft auch selber Äpfel und was sie sonst alles bedürfen, zu verschaffen, wodurch denn auch die Gründe, weiter für sie zu sorgen, von selbst wegfallen werden.

Der Wind und der Schiffer

«Wenn ich hinauf will, so wehst du hinab, und wenn ich hinab will, so wehst du hinauf», also sprach der Schiffer für gut derb zum Windegott Aeolus.
«Weißt du was?» erwiderte dieser. «Wenn ich hinabblase, so fahre du hinab; und wenn ich hinaufblase, so fahre du hinauf. Dient dir aber das nicht und findest du mich dennoch dir entgegen, so arbeite du gegen mich, wie ich gegen dich.»

Kräfte können nur durch Kräfte besiegt werden. Der Wind kann nur durch einen andern Wind und durchaus nicht durch eine Theorie vom Winde und noch weniger durch einen Befehl, daß ein anderer Wind wehen sollte, besiegt werden.

Die Welle und das Ufer

Das Ufer sagte zur Welle: «Warum beschädigst du mich?»
Die Welle antwortete: «Die Gewalt meines Stroms wirft mich zu meinem eigenen Verderben an dich hin.»

Faule Eichen und junge Tannen

«Du hast die Pracht und die Zierde aller unserer Nachkommen niedergemacht» – also sagten alte und hohe, aber schon faule Eichen, da sie in ihrem Falle junge Bäume zu Tausenden niederschlugen, zum Bauer, der sie umhieb. Aber die übergebliebenen, unbeschädigten Tannen und Eichen trösteten ihn und sagten: «Das Elend, welches ihr Fall über uns verbreitet, ist viel kleiner als dasjenige, welches ihr Leben über uns verhängte. Denn wir werden von nun an sicher aufhören, die elenden Serblinge zu sein, welche wir um ihretwillen immer waren.»

Die Brücke und der Weg

Die Brücke sagte zum Weg: «Was Schönes an dir ist, bin ich.»
«Kann sein», erwiderte der Weg, «aber wenn du abgetragen oder weggeschwemmt wirst, bleibe ich und warte ruhig, bis man dich wieder macht.»

Die ungleichen Herren

Der eine darf trauen und glauben, der andere muß lauern und fangen; darum liebt der eine das Recht und die friedliche Weisheit, der andere Arglist und derbe Gewalt. Auch leben in den Dörfern des ersten fromme, frohsinnige, glückliche Menschen, in den Dörfern des andern viel freches, verfängliches, mißtrauisches und gewalttätiges Gesindel.

Der Fuchs erklärt das Wort Usurpation

Als dieses Wort durch widerliche Umstände auch unter den größeren Tieren zur Sprache kam, fragte König Löwe, was es auch eigentlich bedeute.

«Sire!» antwortete der Fuchs, «es ist in seinem Wesen nichts anderes als eine abscheuliche Folge der irrigen und gefährlichen Lehre von einem Krautfresserrecht, dem man uns, die wir keine sind und keine sein wollen, wider unsere Natur und wider unsern Willen zu unterwerfen sich freventlich anmaßt.»

Der Halbfuchs und der Ganzfuchs

Ein junger Fuchs kam nur mit drei Beinen ins Nest. Seine Mutter jammerte darüber, aber der Vater schalt sie und sagte: «Wir Füchse müssen uns dessen versehen und ruhig sein, wenn unsere Kinder alle also und wenn sie auch gar nicht mehr ins Nest kommen.»
Die Mutter erwiderte: «Auf diese Art wollte ich lieber eine Schafsmutter sein und ein Schafsherz im Leibe tragen.»
«Pfui!» sagte der Vater, «ein echter Fuchs muß eher im Fangeisen ersticken, als einen Augenblick anders als ein Fuchs denken.»

Er hatte recht. Wer Fuchs ist, muß es ganz sein; ein Halbfuchs hat um deswillen kein Schafsherz und bekommt darum, weil er ein Halbfuchs ist, in Ewigkeit keines.

Ein Fuchs und ein Esel

«Ich freue mich allemal, wenn ich einen unsrer Feinde, Treiber und Mörder hierher bringen sehe und denke: Es liegt wieder einer unsrer Feinde bei der Menge derer, die schon tot sind» – also sagte ein Esel auf einem Kirchhofe zum Fuchs. Aber dieser antwortete ihm: «Ich hingegen erschrecke immer bei einem Leichenbegräbnis. Es kommt mir bei einem solchen immer kein Sinn an den einzelnen Menschen, den man ins Grab legt, ich denke nur an die Menge derer, die um dasselbe herumstehen.»

Es ist doch gut, daß die Menschengefühle bei einem Begräbnis gewöhnlich weder Fuchsen- noch Eselsgefühle sind.

Zwei Pferde und die Deichsel

Die Deichsel brach vom Wagen, und die Pferde sprangen wütend mit ihr über Stauden und Stökke. Da sie aufgefangen wurden, sagte die Deichsel zu ihnen: «Ihr geht sonst so still neben mir euren Weg; warum wütet ihr jetzt also an meiner Seite?» Die Pferde antworteten: «Solange du selbst am Wagen angekettet als eine tote Stange in dir selbst unbeweglich in Ruhe zwischen uns lagst, so gingen wir freilich auch ruhig an deiner Seite unsern Weg; da du jetzt aber vom Wagen abgerissen, selbst ungebunden in wilden, bösen Sprüngen um unsere Beine herumtanzest, so macht uns das wütend.»

Ebenso können Regierungsmaßregeln, die in willkürlichen Sprüngen den Geldsäckel, den Brotkorb, die Ehrliebe und das Rechts- und Sicherheitsbedürfnis eines Volks verletzend angreifen, bei den Menschen die gleiche Wirkung hervorbringen wie die vom Wagen abgerissene Deichsel, wenn sie in willkürlichen Sprüngen um die Füße der Pferde herumtanzt.

Zwei Füllen

Zwei Füllen, die sich in Wuchs und Bildung wie ein Ei dem andern glichen, fielen in ungleiche Hände. Das eine kaufte ein Bauer und gewöhnte es, ohne Rücksicht auf die Veredlung seiner Natur, zum niedern Dienste am Pflug und an den Karren. Das andere fiel in die Hand eines Bereiters. Dieser baute die Kunst seines Dienstes auf die Veredlung seiner Natur, das ist auf die Erhaltung und Ausbildung seiner Feinheit, seiner Kraft, seines Muts. Es ward ein edles Geschöpf, indessen das andere alle Spuren seiner edlen Natur an sich selber verlor.

Die verwandelten Schafe

Die Herden des größern Viehs vertrieben die schwächeren Schafe aus allen Ebenen bis an die steilen Gebirge.
Dahin verjagt, jammerten sie für ihr Leben. Da erbarmte sich Jupiter, der aller Armen Vater ist, ihrer gedrängten Schwäche, schuf ihnen starke Gelenke zum Springen, Hörner, sich in die Felsen zu klammern und eiserne Schenkelgebeine.
Also ward das wilde Gemsgeschlecht, das in glücklichen Höhen sein Gras findet, erschaffen und lebte Jahrhunderte ferne von den gefürchteten Menschen und Herden.
Aber einst gelüstete ein weibliches Gemstier beides, auf den Bergen und in den Tälern zu leben, und bat um ein Herz, das sich nicht mehr vor Menschen und Herden entsetze.
Jupiter erhörte auch diesen Wunsch und machte sie zur Stammutter der elenden Ziegen.

Eis und Eisen

«Du drückst mich eben wie das Stück Eisen, das neben dir liegt» – also sagte die Erde zu einer Eisscholle, die der Bach auf sie hinwarf.
Diese antwortete: «Ja, aber beim ersten lieblichen Tag vergehe ich wieder.»
Darauf sagte das Eisen: «Ich vergehe ja auch, wenn die Hitze groß genug ist.»
Aber die Erde erwiderte: «Behüte mich Gott davor, daß sie jemals für mich so groß werde.»
Und der Eisklumpen setzte noch hinzu: «Es ist nicht einmal wahr, daß du jemals vergehst; wenn du auch, in der höchsten Glut fließend, wie wallendes Feuer scheinst, so bist du doch Eisen, und wenn du geschmolzen wieder erkaltest, so bist du nur anders geformt.»

Was ist der Mensch? – Blatt oder Stamm?

Mißmutig über den Tod seiner Erschlagenen, neigte ein siegender König sein Haupt gegen den Boden. Ein Schmeichler, der merkte, was den Fürsten drückte, zeigte ihm zahllose am Boden liegende Blätter unter einer Linde und fragte den König: «Werden diese nicht wieder wachsen?» Das empörte einen edlen Mann, der neben ihm stand. Dieser führte den König in das Dickicht des Waldes, zeigte ihm tausend vom Sturme niedergestürzte Tannen und sagte zu ihm: «Werden denn diese auch wieder wachsen?»

Das Menschenvertilgen

Es entstand einst im weiten Reiche der Tiere ein großes Geflüster, sie müßten sich alle miteinander vereinigen, ihre grausamen Feinde, die allmörderischen Menschen, zu vertilgen.

Aber die Elefanten, die Löwen, die Tiger und die Bären wollten nichts mit dieser Vereinigung zu tun haben. Sie sagten: «Wenn uns jemand angreift, so wollen wir uns wehren.»

Die Schlange hingegen klagte über den Mangel an Gemeingeist unter den größeren Tieren und bot ganze Haufen Gift an gegen die Menschen.

Der Fuchs bot alle seine List an.

Der Esel meinte: «Wenn nur ein jedes Tier hartnäckig genug wäre, sich eher zu Tod schlagen zu lassen, als das zu tun, was die Menschen von ihm forderten!»

Die Kuh meinte: «Wenn nur ein jedes Tier sich Hörner aufsetzen ließe, wie sie ein Paar auf dem Kopfe trage, und dann dem ersten besten Menschen wenigstens eins davon in den Leib hineinstoßen würde, so könnte der Krieg mit den Menschen nicht fehlen.»

Der Affe sagte: «Wenn nur jedes Tier so ein paar Kletterbeine wie ich hätte, so könnten wir die

Menschen ohne Gefahr von den Bäumen herunter mit Steinen zutot werfen.»
Das Stärkste aber trugen die Hunde an. Sie meinten, man könnte die Menschen mit dem Maulbrauchen vertilgen und behaupteten, diese ihrem Geschlechte eigene Kraft sei dem Menschen so fürchterlich, daß sich sicher eine Möglichkeit denken lasse, sie alle miteinander – zu Tode zu bellen.

Es ist wahr, die tierische Natur hat große Mittel gegen das Menschengeschlecht in ihrer Hand, und ich muß gestehen, unter allen schien mir keines nachteiliger als das hündische Maulbrauchen.

Alte Zeit, gute Zeit

«Ich wollte aus einer solchen Eiche zwölf Ruhbänke machen, die ebenso dienen», sagte Schaffner Christoph zu seinem Herrn, der eben auf einer Eiche saß, die sein Ahnherr zu einem Ruhbanke vor sein Schloß hatte legen lassen.
«Nun, so nimm eine solche Eiche», antwortete sein Herr, «und mache zwölf solche Ruhbänke daraus.»
Der Schaffner tat es; aber die Ruhbänke sind schon alle wieder verfault, und des Großvaters Eiche liegt noch unversehrt da und wird in hundert Jahren bei späten Enkeln noch unversehrt daliegen.

Das Storchenland

Ein Reisender verirrte sich in ein abgelegenes Tal, darin er keine Stimme hörte als quakende Frösche; er konnte nicht weiter; alles war Sumpf. Doch ehe er zurückging, fragte er noch einen Frosch, warum hierzulande alles quake. Der Frosch erwiderte: «Unser glückliches Land ist wie kein anderes bis auf seine hintersten Winkel für unsern Gott organisiert.» – «Und wer ist denn euer Gott?» sagte der Fremde. Der Frosch antwortete: «Der Storch.»

Nero

Ein Bürger von Rom spritzte Nero, da er durch die Gassen der Stadt fuhr, von seinem Fenster herunter Wasser an die Nase.
Der erzürnte Unmensch ließ darauf alle Spritzen in Rom zugrunde richten und zündete ein paar Gassen der Stadt an, um zu sehen, ob während der Brunst sich etwa eine gegen seinen Befehl dem Staate vorenthaltene Spritze hervorzeige.

Zwei Schäfer

Der eine hütete die Schafe mit einem Hunde, der ohne Not keinen Laut gab, aber stark war und Wolf und Fuchs bis in ihre Höhlen verfolgte.
Der andere hütete sie mit einem, der, wenn sein Meister flötete, ihm tanzte, und wenn er schlief, unter der Herde herumsprang und die Zucht und Unzucht aller ihrer Ecken und Winkel auskundschaftete. Das war freilich für die Kurzweile und die Trägheit des Schäfers gut ausgedacht; aber die Herde hielt diesen Hund für ihren Teufel, und Fuchs und Wolf sagten untereinander: «Wir haben auf hundert Stunden weit keinen bessern Freund als diesen Hund.»

Hühner, Adler und Mäuse

Die Hühner rühmten ihr Gesicht und sagten selber zum Adler: «Auch das kleinste Korn liegt heiter vor unsern Augen.» – «Arme Hühner!» erwiderte dieser, «das erste Kennzeichen eines guten Gesichts ist dieses: von allem dem nichts zu sehen, was euch in die Augen fällt.» – Also sagten auch die Maulwürfe: «Die schreckliche Sonne ist der Tod alles Lichts, und es ist nur unter dem Boden recht heiter.» – Alle Mäuse gaben ihnen Beifall, und eine jede betet täglich zum großen Jupiter: «Bewahre uns vor dem Blendwerk der Sonne und erhalte uns das milde Licht unserer Löcher von nun an bis in Ewigkeit.»

Die vielerlei Arten von Menschen, die bei der Nacht und bei dem Nebel, der sie umhüllt, mit Blendlaternen herumgehen und dabei glauben, ihre Blendlaternen seien helles Sonnenlicht, kommen zuzeiten auch in den Fall dieser Maulwürfe und Fledermäuse.

Zwei Weiden

Die eine war gut, aber des Tages kränkten grinsende Affen die weidenden Tiere, und des Nachts lauerten braune Füchse auf ihr Leben.
Die andere war mager und schlecht, aber kein Affe kränkte die weidenden Tiere, und kein Wolf und kein Fuchs lauerten auf ihr Leben.
Als die Schafe beides erfahren, baten sie den Hirten: «Lieber Vater! führ uns doch nie mehr auf diese fette Weide; wenn wir sicher und ungekränkt sein können, so wollen wir wahrlich lieber ein wenig hungern, als unter Unsicherheit und Kränkung uns täglich vollfressen.»

Der Luchs

Der Luchs rühmte sich vor allen Tieren seiner mittelmäßigen Kraft und seines starken Auges. Ein Mann, der es hörte, antwortete ihm: «Du hast nur zuviel Aug' für deine mittelmäßige Kraft.» Der Luchs glaubte das nicht und sagte: «Mein starkes Auge ist bestimmt das, was ich bei der Mittelmäßigkeit meiner sonstigen Kraft vorzüglich bedarf zu ersetzen.»
Der Mann staunte einen Augenblick ob dieser Antwort und sagte dann: «Ich fühle, du sagst eine große Tierwahrheit; aber für die Menschen ist das Gleichgewicht der Kräfte der Probestein der Zuverlässigkeit.»

Sonne und Mond

Wenn der Mond sich verdunkelt, so ist er dann nur, wie er in sich selbst ist, und du achtest es nicht; aber wenn die Sonne in einen Schatten fällt, so verdunkelt sich das Licht, das in ihrer Natur selbst liegt, und deine ganze Aufmerksamkeit wird auf den Schatten gerichtet, der auf sie fällt.

Bei dem gemeinen Menschen achtest du es nicht viel, wenn du schon etwas Schwaches und Gemeines von ihm hörst, aber wenn dir von einem Menschen, den du hochachtest, plötzlich eine Schwäche und ein Fehler auffällt, so vergissest du in diesem Augenblick leicht seinen in dir selbst tief gegründeten Wert und siehst und fühlst jetzt nur die vorübergehende Blöße, die er sich in diesem Augenblick gegeben; und wahrlich, je kleiner du selbst bist, desto größer scheint dir diese Augenblicksschwäche des Mannes.

Schwamm und Gras

Der Schwamm sagte zum Gras: «Ich schieße in einem Augenblick auf, indessen du einen ganzen Sommer durch wachsen mußt, um zu werden, was ich in einem Augenblick bin.»
«Es ist wahr», erwiderte das Gras, «ehe ich etwas wert bin, kann dein ewiger Unwert hundertmal entstehen und hundertmal wieder vergehen.»

Der Strahl und der Graswurm

«Die Menschen klagen soviel über mich, und ich nage doch nur an einem armseligen Blatt, du hingegen verbrennest Häuser und Dörfer.» Also sagte der Graswurm zum schrecklichen Strahl. «Kleiner Heuchler!» donnerte ihm dieser herunter, «du verheerst mit stillem Blätterfressen weit mehr, als ich mit meiner lauten gewaltigen Kraft.»

Unbemerkte, aber in die Fundamente des häuslichen Wohls des niedern Volks tief eingreifende Landesübel, von denen du oft jahrelang keinen öffentlichen Laut hörst, wirken gemeiniglich weit verderblicher als einzelne Verheerungen und Schrecknisse, von denen die Jahrbücher aller Länder voll sind.

Der Sturm und die Schneeflocke

Der Sturm brach hie und dort einen Ast von den Bäumen, aber da er nachließ, fiel ohne ein Lüftchen ein Schnee, dessen kleine Flocken tausend Äste von den Bäumen brachen gegen einen, den der Sturm abriß.

Die Entstehung der Berge

Die Erde wunderte sich einmal, wie die Berge sich auf ihr haben bilden können.
Diese antworteten ihr: «Es geschah nur durch die Verhärtung dessen, was du schon selbst bist.»

Was der Affe bei der Schlange gelernt hat

Ein junger Affe studierte lange und konnte nicht ergründen, was Bescheidenheit sei; endlich sah er eine Schlange auf dem Bauche kriechen und sagte zu seiner Mutter: «So ohne Hände und Füße sich durch die Welt zu winden, das wird wohl Bescheidenheit sein.»

Der gute Junge wußte nicht, wie leicht und wie hoch die Schlange ihren Kopf in die Höhe heben und wie sie ihren Leib zu einem Kamelrücken machen kann, wenn sie sich auf die Kraftsprünge vorbereitet, mit denen sie nicht bloß schwache Affen, sondern auch starke Tiere mörderisch anfällt, um den Demutsbauch ihres kriechenden Leibes vollzustopfen. Glaube doch niemand, daß, wer sich beim Kriechen gerne und leicht unsichtbar macht, demütig sei.

Die Affen-Beichte

«Dieser Ochs weidet so ruhig, indessen wir, die wir doch von einem vornehmern Geschlecht sind, uns so unruhig herumtreiben müssen.» Also sagte ein Affe zu seiner Gemahlin, da ein Ochs unter seinem Baum ruhig Gras fraß. Diese antwortete: «Wir sind freilich von einem vornehmern Geschlecht, aber auch unendlich mehr Affen als vornehm.»

Ich kannte einen Mann, der vom ganzen Menschengeschlecht sagte: Es sei ein imitatorum servum pecus, und die Beichte dieses Affenweibs scheint ihm ganz recht zu geben; indessen ist in jedem Fall das Vornehmtun so im höchsten Grad gemeiner Tiere, wie die Affen sind, das Lächerlichste, aber auch das Drückendste in allen Formen, in denen die Armseligkeit dieses Tuns erscheint.

Ein Stier und ein Biber

Der Stier sagte zum Biber: «So ein Leben unter dem Wasser, wie du eins hast, möchte ich um aller Welt willen nicht haben.»
Der Biber schwieg und antwortete ihm nicht.
Aber der Stier fuhr fort und machte jetzt eine Lobrede seines bessern und glücklichern Lebens. «Mein Stall», sagte er, «ist beinahe so viel wert als eine Menschenwohnung, und dann muß ich ihn nicht einmal bauen; der Bauer, der mich füttert, baut mir ihn selbst.»
Der Biber antwortete ihm: «Ich weiß wohl, daß es viele Stierenställe gibt, die besser aussehen und im Winter gar viel wärmer sind als tausend armer Leute Wohnstuben, und ich kann auch gar wohl denken, es gefalle dir wohl darin, wenn dein Barren recht voll und dein Gras und dein Heu recht gut sind. Ich aber liebe die Wohnung, die ich mir selbst baue und in der ich frei bin, und möchte um alles in der Welt nicht eine Wohnung, die mir ein anderer baute, und mich nicht wie dich darin angebunden finden, wenn er dich anjocht und zum Pflug oder Wagen anspannen will.»

Der Biber und der Marder

«Es ist ein unangenehmes Ding um deinen Zahn, und ich sehe nicht einmal ein, daß du ihn zu deinem Fraße nötig hast», also sagte ein Marder zu einem Biber. Dieser antwortete ihm: «Ich kann freilich meine Fische so gut ohne meinen Zahn fangen und fressen, als du deine Eier und Vögel ohne einen solchen auch finden und fressen kannst. Aber mein Zahn ist ein Kunstzahn, und du und deinesgleichen wissen nicht einmal, was das für eine Lust ist, einen Kunstzahn in seinem Kiefel zu haben; ich aber weiß es und will dir nur sagen: Er ist mir fast mehr wert als mein ganzes Freßgebiß, und ich kann dich versichern, das Ausüben meiner Baukunst ist mir viel lieber als das Fischessen.»

Die Anbetung des Teufels

Als einst das Feuer einen Wald stärker als gewöhnlich brandschatzte, sagte ein alter erschrokkener Stock zu den übriggebliebenen Tannen: «Ich habe einst gehört, die Menschen beten den Teufel an und dann tue er ihnen nichts. Wie wäre es, wenn wir das Feuer anbeteten, vielleicht wäre es auch dankbar wie der Teufel.»
Dieser Vorschlag gefiel den furchtsamen Tannen; aber das Feuer war nicht dankbar; es knisterte von nun an vor Hohnlächeln noch lauter, wenn es die dummen Tannen verzehrte, und forderte jetzt nebst seinem alten Feuerrecht noch als ein Altarrecht einen ewigbrennenden Holzstoß, zum Dienst der ihm versprochenen Anbetung.

Künstler und Narren

Ein Narr sah einen Künstler an einem rohen Stein arbeiten. «Schade, schade», sagte er, «daß der nicht poliert.» Der Künstler: «Nein, Guter, wir Steinkünstler machen es nicht wie die Menschenkünstler. Diese geben den Kindern eine vollendete Politur, eh sie auch nur daran denken, sie zu bearbeiten.» – «Ja, ja», sagte der Narr, «das ist recht, das ist ganz so. Eben so solltet auch ihr es machen.»

Der Raupenfänger

Sie flog vor ihm als Schmetterling einher. Er jagte ihr durch Feld und Flur nach; aber das Volk, das die Erde baute, klagte, er verderbe ihm mit seinem Tun sein Gras und sein Korn.

Sie kroch vor ihm auf dem wachsenden Kohlstock, auf dem blättervollen Baum und an der grünenden Hecke; er haschte sie wieder; aber sie starb in seiner Hand, und er warf sie als faulendes Aas weg.

Jetzt hing sie am sich entblätternden Baum und an den kahlen Wänden des Hauses – er haschte sie noch einmal und wartet jetzt, bis ihre tote Larve für ihn sicher zum Leben erwacht.

Das hohe Ross und der Zwerg

Ein Zwerg wollte hoch scheinen; dafür setzte er sich auf das höchste Roß, das im Lande war. Ein Bauer, der ihn antraf, glaubte, es sitze ein Kind auf diesem Rosse und sagte zu ihm: «Du hast gewiß keinen Vater daheim, daß man dich auf das höchste Roß setzt. Komm, ich will dir herunterhelfen; du könntest sonst zu Tode fallen.»
Man denke sich jetzt die Augen des Zwergs, aber auch das Lachen des Bauers, da er sah und erkannte, wen er vor sich hatte.

Weibel und Schulze wünschten ihm Glück. Der neue Richter antwortete: «Ich will mich einmal nicht bestechen lassen.»
Der Schulze erwiderte: «Das ist recht und wohlgetan. Tugend und Rechtschaffenheit sind immer die ersten Stützen des Staats, und hierin wird dem Herrn – er darf es versichert sein – unserseits gewiß niemand etwas in den Weg legen. Aber in die vorläufigen Abreden, die wir in jedem Falle miteinander treffen, wird der Herr doch hoffentlich auch eintreten!»
Der neue Richter wußte gar nicht, was das sagen wollte. Allein der Weibel, der sein alter Schulkamerad war, nahm ihn beiseits und sagte: «Es ist einmal bei uns so: eine Hand wäscht die andere, und wenn du es nicht mithalten wolltest, so würde es mit dem Nutzen und mit der Ehre deiner Stelle nicht viel sein.»
Der neue Richter antwortete: «Ich will natürlich aus meiner Stelle auch ziehen, was jeder andere.»
Der Schulze, der bald sah, daß er es näher gab, schlug ihm auf die Achsel und sagte: «Ich sehe schon, der Herr wird als ein freundlicher, braver, neuer Gerichtsbruder das Utile und das Honorifikum seiner Stelle sich nicht schmälern lassen,

sondern auch, wie unsereiner, dahin trachten, daß das, was wir von unsern Voreltern empfangen haben, auch ungeschmälert auf unsere Nachkommen herabfließe.»

Der neue Richter: «Ich werde mir es zur heiligsten Pflicht machen, diesen, in meiner Stellung, wie ich wohl sehe, höchst wichtigen Gesichtspunkt nie aus den Augen zu verlieren.»

Aber er sah bei dieser Art so verwirrt und so betroffen aus, daß der Weibel es merkte und für gut fand, um ihm den Puls darüber noch mehr zu greifen, ihn noch einmal auf die Seite zu nehmen und ihm zu sagen: «Es wird dir freilich im Anfange gar nicht alles gefallen, was wir in unsern Abendstunden miteinander verabreden; aber wenn du einmal ein paar Jahre dabeigewesen sein wirst, so wirst du sicher finden, es sei in jedem Falle besser, daß wir uns verabreden und Freunde bleiben, als daß wir uns zanken und Feinde werden.»

«Ja, ja», antwortete jetzt der neue Richter, «Streit und Zank ist in jedem Falle immer das allergrößte Übel.»

Der Tiere Gerechtigkeitspflege

Der Löwe zerreißt das beklagte Tier; denn in seinem Rachen steht geschrieben: Es ist des Todes schuldig. Und die Wahrheit von dem Beklagten zu ergründen, schlägt ihm der Stier seinen Farrenschwanz über den Rücken.

Der Hund sucht sein Bekenntnis durch die Beängstigungen des Bellens und die Qualen des Beißens zu erzwingen. Der Affe fragt das beklagte Tier auch, aber wie ein Affe, und wenn er dann mit seinen Affenfragen nichts herausbringt, so wird er wild und nimmt zu den Maßregeln des Hundes und des Stiers seine Zuflucht. Der Elefant hingegen fragt dasselbe, aber auf eine Weise, daß er es, wenn es sich im dritten Verhör nicht selbst verstrickt hat, mit Sicherheit aus seinem Gehege lassen kann.

Die Affengerechtigkeit

Der Thron des Tierreichs fiel einmal auch den Affen anheim. In diesem Zeitpunkte redeten einige Hauptaffen miteinander ab, sie wollten in keinem Falle eine Ungerechtigkeit an sich kommen lassen. Die armen Tiere! Es kam ihnen nicht einmal in Sinn, daß sie vermöge ihrer Natur nicht anders können, als verstellte, heuchlerische, naschende und beißende Tiere zu Handlangern ihrer Gerechtigkeit anzustellen.

«Wo wir uns nur zeigen, da heißt es: ‹Hier sind die untreuen, diebischen Katzen!› Könnten wir nicht auch zu Futter und Mahl kommen, ohne diesen bösen Namen?»
Also sprach neulich eine Katzenschar, da ein paar von ihnen über der Tat ertappt, mit wundem Felle ihrer Strafe entronnen. Eine fette Schoßkatze antwortete ihnen: «Kinder, schmeichelt den Menschen, und sie werden euch füttern, wie mich die Tante, die mir alle Sorge des Stehlens und alle Mühe des Mausens mit ihrem eignen Brot und mit ihrem eignen Braten erspart.»
«Das hilft nur», sagte eine arme, magere, «wenn man ein Fell hat, das dem lüsternen Manntier gefällt oder sonst so glücklich ist, eine Katzentante zu finden, wie du eine hast.»
«Ja, ja, die Schoßkatzen haben gut reden», schrien jetzt alle magern Katzen, «wir anderen mögen lange miauen; es bringt uns dafür niemand weder Braten noch Brot.»
Das verdroß die alte Schoßkatze; sie sagte zu ihrer Nachbarin: «Das Bettelvolk ist allenthalben gleich; es läßt sich nie raten; wenn sie Verstand hätten, so würden sie doch an meinem Sessel und an meinem Tische merken, daß ich es wohl ver-

standen habe, mich durch die Welt zu ziehen.» Mit dem schlich sie sich fort.
Darauf sagte die alte, arme, magere, die aber auch nur auf eine andere Art als die Schoßkatze einen verdrehten Kopf voll der dünnsten, träumerischen Einbildungen hatte, zu ihren magern Gespielen: «Ärgert euch nicht, sie meint es nicht böse; aber das Sesselsitzen macht alle Katzen zu Narren. Mich hat es nicht verderbt; mein mageres Fell zeugt, daß ich alles Katzenelend selbst erfahren und selbst getragen habe. Ich weiß also aus sicheren, eigenen Erfahrungen nicht bloß, wo es uns fehlt, sondern auch noch, wo es uns in Zukunft fehlen wird. Auf diese Erfahrungen gestützt, glaube ich, es sei ein einziges Mittel zu unserer Errettung übrig. Wir müssen uns nämlich mit den Mäusen vergleichen, daß sie uns Futter und Mahl selbst zusammentragen, und wir hingegen sie dann nicht mehr fressen.»
Erstaunt stand die Katzenschar da. Der Vorschlag schien ihr eine wesentliche Neuerung gegen die uralte Verfassung der Welt und gegen die ursprünglichen Naturansprüche und Gewaltsrechte ihres Standes.
Doch allmählich wurden sie mit dem Gedanken an eine solche Vereinigung vertrauter und fingen an, ihn allerdings mit dem Geist der Zeit und der Umstände übereinstimmend zu finden. Er gefiel

vorzüglich den Armen und Mageren. Von den Jungen und Starken hingegen sagten einige: «Die so allenthalben zusammengetragene Mäusespeise kann uns nicht dienen, und es ist uns ewige Schande, also an der Mäuse Kost zu kommen und von ihnen das Gnadenbrot zu essen.»
Andere hingegen behaupteten: «Diese Ehrenbedenklichkeit gegen Mäuse sind weit unter uns und jetzt gar zur Unzeit. Was uns Tiere bringen, die wir fressen könnten, kann uns in Ewigkeit keine Schande sein.»
Eine arme, magere, die diese Ehrenbedenklichkeiten auch zur Unzeit angebracht fand, sagte noch: «Glaubt mir, ich habe es erfahren, Mäusespeisen sind Leckerbissen, und wenn sie es auch nicht wären, so bedenkt: wenn wir uns forthin ohne eine Nachhülfe bloß mit Mäusefleisch erhalten wollen, so müssen diese Tiere, sie könnten nicht anders, nach und nach aussterben, und dann wird das hartherzige Manntier, das uns nicht ferner brauchen kann, uns zu Tausenden zu Tode schlagen.»
Vor diesem Gedanken entsetzten sich alle Katzen, und hoch schwoll jetzt in ihrem Herzen der Wunsch, mit Mäusebrot versorgt, ein ehrliches und gerechtes Auskommen zu haben und die Mäuse dann nicht mehr zu fressen.
Diese wurden also versammelt. Die mürben Kat-

zen gaben ihnen Geleitsbriefe, und eine katzenfeindliche Dogge war ihnen für das Worthalten Gewährsmann.
Indessen hatten es die schlauen Tiere durch Hoffnungen, die sie bei einigen Mäusen erregten, beim einzuführenden Katzentribut als Kommissäre angestellt zu werden, dahingebracht, daß ihre Gesandtschaft mit großen Ehren empfangen und mit einer feierlichen Anrede bekomplimentiert wurde, deren Auszug den Akten beigefügt ist.
Sobald die Komplimentiermaus ausgeredet hatte, so trat dann der Katzengesandte mit gemessenem Schritte hervor, stellte sich ganz bescheiden an die Seite seines Gewährsmannes, dankte vorläufig für den freundlichen, ehrenhaften Empfang und versicherte darauf von aller Katzen wegen, ihr jetzt lebendes Geschlecht sei mit dem Geiste der Zeit unendlich vorgeschritten und habe selbiges an der Liebe, die nunmehr alle Tiergeschlechter zur Gerechtigkeit, zur Mäßigung und zur Sittlichkeit zu zeigen anfangen, sein größtes Wohlgefallen. Sie wünschen auch nichts mehr und nichts sehnlicher, als das goldene Zeitalter, in welchem alle Tiere friedlich untereinander lebten, wiederherzustellen und besonders schickliche Mittel ausfindig zu machen, den alten Zwist, der zwischen ihrem gewaltigen und starken Ge-

schlechte und dem gutmütigen, bescheidenen, aber schwächeren Mäusegeschlecht seit der Erschaffung der Welt unglücklicherweise obgewaltet hat, ein beförderliches und glückliches Ende zu machen. Sie seien auch ihrerseits fest entschlossen, das Mäusegeschlecht von nun an nicht mehr als ein ihnen mit Leib und Blut zu dienender Fraß, sondern als ein ihnen freiwillig und rechtlich verbundenes Volk anzusehen und zu betrachten; hoffen dann aber, daß die Mäuse hierin ihren Edelmut ganz erkennen und auch ihrerseits alles dasjenige tun werden, was unumgänglich erfordert werde, eine so glückliche Vereinigung des gegenseitigen Interesses beider Geschlechter zustandezubringen.

Darauf ließ sie von der Spitzmaus, welche die Feder führte, das weitläufige Projekt dieser ewigen Vereinigung ablesen; und nachdem dieses geschehen war, sagte sie dann noch mit katzenfreundlichen Worten: «Es ist ja nur eine ganz unbedeutende Kleinigkeit, was die mächtigen und edelmütigen Katzen von euch zu fordern geruhen; und ihr könnt jetzt, was ihr nie hattet hoffen dürfen, Sicherheit, Leben und häusliche Ruhe mit unglaublich kleinen Dienstleistungen erkaufen.»

Aber kaum hatte sie ausgeredet, so trat eine Maus, deren Kühnheit sie zum Sprecher ihres

Geschlechts machte, auf und sagte: «Brüder und Schwestern! Bisher fing uns doch nur das Manntier mit Speck; laßt uns nicht dahin versinken, selbst am Katzenspeck anzubeißen und uns durch Verräter aus unserer Mitte und ihre freche Beredsamkeit selbst dahin zu verführen, uns, unsere Kinder und Nachkommen zu ewigen Katzenknechten zu machen. Die Natur», fuhr sie fort, «hat uns gelehrt, unser Heil in unseren Löchern zu suchen und es unserm Herzen verboten, dasselbe jemals von Katzengunst und Katzengnade zu erwarten.»

Das war allen guten Mäusen wie aus dem Herzen geredet; sie flohen in ihre Löcher, und was auch die Komplimentiermaus immer tat, es zu verhüten, so konnte sie die Mäuse nicht mehr zum Stehenbleiben bringen, und die deputierte Katze mußte mit dem Bericht zurück: Wenn sie leben wollen, so müssen sie sich forthin allen Beschwerden des Lauerns, allen Mühseligkeiten des Mausens und allen Gefahren des Stehlens unterziehen. Die unnatürlichen und verstockten Maustiere seien ganz unmöglich dahinzubringen, ihnen aus freiem Willen ein ehrliches und gerechtes Auskommen zu versichern.

Das hatten die stolzen Katzen nicht erwartet; sie glaubten im Gegenteil, die Mäuse würden alles in der Welt tun, um sich von ihrem Blutrecht loszukaufen. Da es aber also nicht geschah, schrien sie wie aus einem Munde: «Es ist nichts daran gelegen; wir wollen es ihnen jetzt schon machen.» Doch miaute noch eine zwischenhinein: «Es ist verflucht, daß wir mit diesem unvorsichtigen Antrage unsern ganzen Katzenstand kompromittiert haben; aber wenn ich dabei gewesen wäre, so wäre es gewiß nicht geschehen.»

Die Spinnengerechtigkeit

Auch die Spinne wollte einst gerecht sein und sagte der Besenfrau, welche alle Wochen einmal ihr Haus in den Staub legte, sie sei gewiß kein so böses Geschöpf, als man sie allgemein dafür halte; es sei freilich wahr, sie empfinde nicht alles immer richtig, was an den äußersten Spitzen ihrer langen Spindelgebeine vorgehe. Und wenn sie zuzeiten genötigt sei, ein unglückliches Tier wegen Frevel und Unruhe zu ihrem Haupt bringen zu lassen, so sei sie ganz unschuldig, wenn ihre gefühllosen Fingerspitzen ein solches Tier etwa zu hart in die Klauen fassen.

Die große Kunstgewalt zum Morden, die der Spinne einwohnt, fiel mir auf. Es wunderte mich zum Erstaunen, wie dieses elende Tierchen dahin gekommen, im Mittelpunkt eines für sie mit so viel Kunst organisierten Mördersitzes zu wohnen und gleichsam einen zum Dienst ihres Lauerns und Mordens geschaffenen Weltkreis um sich her zu besitzen, den sie dennoch im Falle seiner Verletzung und sogar im Falle seiner gänzlichen Zerstörung aus sich selbst wieder herzustellen im Stande ist. Doch, es fiel mir bald auf, daß, je kleiner das Tier ist, das vom Morden lebt, desto mehr bedarf es der tierischen Kunst, dieser gro-

ßen Dienstmagd des tierischen Lauerns, Fangens und Mordens, zu seiner tierischen Erhaltung; und in diesem Gesichtspunkt war mir ganz heiter, daß das elende Tierchen, die kleine Spinne, eine so ganze Kunstwelt zu ihrem Dienst notwendig hat. Sie müßte ja ohne diese Kunstwelt, die ihr zu allen Bedürfnissen ihres Lauerns, Fangens und Mordens dienend die Hand bietet, wahrlich verrecken oder betteln gehn.
Die Sache der Spinne schien mir jetzt vollkommen gerechtfertigt oder wenigstens erklärt. Indessen möchte ich doch um alles in der Welt kein Faden ihres Gewebes sein, noch viel weniger ein Spinnenbein, das sie nach allen Richtungen zu ihrem Fraße hinträgt und unglückliche, gefangene Tierchen zu ihrem Haupt bringt und ihr vor's Maul legt.

Die Begriffe der Bienen von der Freiheit und der Gerechtigkeit

Die guten Bienen, die bei ihrem Honigsuchen in aller Welt herumschwärmen, hörten in allen Ekken die tierischen Begriffe, die sich die Löwen und Bären, die Füchse und Marder, die Ochsen und Esel, die Auerhähne und Spatzen, die Hunde und Katzen von der Freiheit und der Gerechtigkeit machten; aber obwohl sie diese großen Tiere alle für höhere Wesen ansahen als sich selber, so konnten sie, so klein sie sich auch immer gegen sie fühlten, doch nicht begreifen, daß irgend etwas von alledem, was diese Tiere für sich als Freiheit und Gerechtigkeit ansprachen, wirkliche Freiheit und Gerechtigkeit sei. Und je mehr sie dieses Geschwätzwerk über diese zwei großen Menschenwörter hörten, je mehr freuten sie sich, stille kleine Bienen und nicht so anmaßliche große Tiere zu sein. Vorher, ehe sie ihr fades Geschwätz treiben hörten, fühlten sie sich in ihren Körben nur glücklich; sie wußten nicht, daß etwas in der Welt sei, das unter den Menschen Freiheit und Gerechtigkeit heißt und von dem auch alle Tiere der Welt auf die verschiedenste Weise, jedes nach seiner Gattung, das Maul brauchen.

Der allgemeine Tierfortschritt in der Gerechtigkeit

In der Gaukelzeit, in welcher die wilden fleischfressenden Tiere eben wie die krautfressenden allgemein über die Gerechtigkeit untereinander ein großes Maulwaschen hatten, versammelten sich die fleischfressenden einmal, um sich zu beraten, wie sie sich unter obwaltenden Umständen zu benehmen hätten. In dieser Versammlung riet ihnen der Fuchs, fürohin und in Zukunft niemals mehr ganze Herden von Vieh miteinander anzugreifen; zweitens keine Ställe und keine Wohnungen mehr gewaltsam zu erbrechen; und drittens vorzüglich unter allem Vieh dem verirrten, verlaufenen und unbekannten aufzulauern und sich wo immer möglich mit dem Fraß von Tieren, deren Verschwinden kein großes Aufsehen im Tierreich zu machen geeignet sei, zu begnügen; vor allem aber, sich sorgfältig zu hüten, irgendein Tier mörderisch anzufallen, wenn andere Tiere um den Weg sein möchten, die als Zeugen ihrer Tat dem krautfressenden Gesindel im Land ein Geschrei gegen sie machen könnten.

Die Fressordnung im Hühnerstalle

Eine Hühnermagd fütterte alles Gefieder aus einem Troge. Die Starken hatten es gut; aber die Schwachen, Kranken und Jungen kamen täglich zu kurz und wurden gedrückt und zertreten.
Das ging einem alten Hahn, der schon einmal auf dem Todbette gelegen hatte, ans Herz. Da nach dem Mittagsmahle wieder eine junge Ente vor dem Troge tot lag, redete er die Häupter und die ganze Gemeinde im Hühnerstalle also an:
«Edle, gefiederte, zweibeinige Tiere!
Wir sind doch alle von einem schuldlosen Geschlechte und handeln auf keine Weise wie die großen Bösewichter, die Katzen und die abscheulichen Marder, welche alles Geflügel essen und selbst der heiligen Eier nicht schonen, noch das geweihte Blut scheuen. Darum – ich weiß es – der Jammer geht euch allen zu Herzen, den die Frau Reichsvögtin unseres Gemeinwesens über unsre Armen und Schwachen verhängt. Ich weiß es, ihr wollt alle lieber mit Gerechtigkeit fressen, als diesem Jammer länger zusehen.»
Aber die Hühner und Gänse verstanden gar nicht, was das sei, mit Gerechtigkeit fressen.
Der alte Hahn machte es ihnen begreiflich und

sagte: «Es lasse ein jeder von uns sich seinen Schnabel messen, und je nachdem dieser groß ist, bestimme man ihm sein Freßrecht. Dann wechsle täglich ein Hahn und eine Gans in der Freßstunde als Hüter. Der Hahn hüte den Gänsen und Enten, und die Gans hüte den Hähnen und Hühnern. Wer dann im Fressen nicht bei seinem Schnabelrecht bleibt, den strafen sie mit rechtlichem Pikken am Kopfe und Rupfen am Halse.»
Wer bisher in der Freßstunde zu kurz kam, der stimmte von Herzen zu der Meinung des Hahns. Anders war's mit den Häuptern und Vorstehern der Hühnergemeinde. Diese fanden die Sache in ihrer Weisheit bedenklich. Doch endlich auf Fürsprache des alten, geliebten Mithahns willigten auch sie darein, mit einem solchen Gerechtigkeitsfressen auf ein Jahr hin und auf Zusehen eine Probe zu machen.
Also war die Meinung des alten Hahns insoweit im Hühnerstalle zum Gesetze gemacht.
Aber die Hähne und Gänse übten das Gesetz aus wie Hähne und Gänse. Sie taten sämtlich ein Auge zu, wenn die Stärkern fraßen, und es blieb den Schwachen und Kleinen täglich weniger übrig, wenn die Ordnung des Fressens an sie kam, und dieses wenige ward ihnen noch durch dieses neue Gerechtigkeitspicken und Gerechtigkeitsrupfen unerträglich verbittert. Auch starben bei

diesem Gerechtigkeitselend weit mehr Hühner und Gänse, als bei dem Freiheitselend der Vorzeit.
Zum Glücke dauerte das neue Unglück im Hühnerstalle nur bis zur Lichtmesse, wo dann eine neue Hühnermagd eintrat und alsobald die einzige Gerechtigkeit, die im Hühnerstalle möglich war, einführte, indem sie die stärkeren Tiere einsperrte, wenn sie den Schwächern ihr Fressen vorstellte.

Das Schuhmass der Gleichheit

Ein Zwerg sagte zum Riesen: «Ich habe mit dir gleiches Recht.» – Der Riese erwiderte: «Freund, das ist wahr, aber du kannst in meinen Schuhen nicht gehen.»

Von Zäunen mit faulem Holze und von schlechten Dorfvorgesetzten

«Man zäunt hie und da auf den Bergen mit starkem gutem Holze, weil man daselbst solches im Überfluß hat. Im Tal aber, wo es hie und da selten ist, zäunen arme Leute gar oft mit schwachem, schlechtem und oft halbfaulem Holze.» Das antwortete mir ein Bauer, als ich ihn fragte, warum sein Junker so schlechte Burschen in seinem Dorfe zu Vorgesetzten mache. Ich erwiderte ihm: «Aber wozu dient denn ein Zaun, wenn sein Holz faul ist?» Er antwortete: «Die Sache hat dennoch mehr Vorteile, als man glaubt; denn erstlich versieht ein solcher Zaun was ein guter, solange kein Stier sein Horn daranstößt und kein Wind bläst. Zweitens: Was dumm unter dem Vieh ist, ahnt nicht einmal, daß das Zaunholz faul ist, wenn es nur dasteht. Und endlich glauben die faulen Zaunstöcke, solange sie immer noch stehen, sie seien gutes Holz, und dieser Glaube an sich selbst macht ihnen Freude.»

Und so ist es auch bei den Menschen; denn man hat die Mittel der öffentlichen Ordnung notwendig und gerne, auch wenn sie nur halb gut sind, und auch der schlechteste Bursche, wenn er in einem Dorfe Vorgesetzter oder in einer Stadt Ratsherr wird, meint von der Stunde an, er sei ein ganz vorzüglicher Mensch. Und dieser Glaube an sich selbst macht auch wirklich, daß mancher in seinem Amte und durch dasselbe etwas mehr und etwas besser wird, als er ohne seine Stelle nie geworden wäre.

Der Seelenverkäufer

Er hatte sie jetzt alle an Bord; aber sie serbten auch alle. Das Unrecht, das sie litten, drohte den Edelsten unter ihnen den Tod.
Es ging dem Räuber selber ans Herz. Er setzte sich unter sie hin, redete mit ihnen und sagte: «Ihr werdet an dem Orte, wo ich euch hinführe, glücklicher sein, als ihr zu Hause waret. Während der Reise will ich euch alles gestatten, was ich immer kann, und wenn sich einer über irgend etwas zu beklagen hat, so rede er, ich will ihm Recht schaffen.»
Die Sklaven bogen ihr Haupt. Die meisten schwiegen, aber einer sagte: «Wir sind durch Unrecht und böse Gewalt in deiner Hand, und ich für mich will lieber sterben, als einen Mann wie du bist von Recht und Gerechtigkeit reden hören.»
Der Seelenverkäufer antwortete: «Du bist ein exaltierter Mensch und könntest mich in Zorn bringen; aber ich will deiner schonen und allen, die auf meinem Schiffe sind, zeigen, daß ihr es in der Tat besser haben sollt, als irgend jemand, der in eurer Lage ist.»
Der Sklave erwiderte: «Dem sei wie ihm wolle. Es bleibt gleich wahr, daß zwischen dir und uns

kein Recht statthat und keines statthaben kann, solange wir auf deinem Schiffe und an deinen Ketten sind.»

Seelenverkäufer: «Aber warum sollte ich nicht zwischen Leuten, die allerseits in meiner Gewalt und auf meinem Schiffe sind, Recht und Gerechtigkeit ausüben können?»

Sklave: «Gott schenke dir Unrecht! Und in der Stunde deines tiefsten Leidens wird er unauslöschlich das Wort in deine Seele legen: Es hat kein Recht statt, und kein Glaube an das Recht, solange das Unrechtleiden nicht aufhört.»

Seelenverkäufer: «Mann, du hast recht. Ich war ein Gefangener, und in der Stunde meines tiefsten Leidens hat Gott sein Wort, wie du es aussprachst, in meine Seele gelegt; aber ich habe es wieder vergessen. Steuermann, kehre zurück! Die Gefangenen sind frei, und du, den ich nicht freimachen kann, weil dein Herz dich in meinen Banden frei läßt, edler Mann, wenn du auf dem Boden deines Landes angekommen sein wirst, so frage dich selbst, ob du mein Freund sein könnest.»

Nachwort

Johann Heinrich Pestalozzi (1746–1827) hat einen autobiographischen Text geschrieben, in dem er sich unmißverständlich charakterisiert: Seine Lebensabsicht, die Strukturen der kindlichen Befindlichkeit und die Entwicklung des Menschen darzustellen und mit exakten Lern- und Verhaltensarten zu prägen, war ein einleuchtendes Ideal; eine Wertvorstellung war damit verbunden, die die Achtung des Menschen in den Vordergrund stellte und jede Möglichkeit manipulativer Beeinflussung ausschloß.

Pestalozzi war begeisterungsfähig. Nun ist Begeisterungsfähigkeit eine Eigenschaft, die bald verdächtig werden kann. In der Schweiz ist damit kaum Karriere zu machen. Die Nüchternheit des Denkens und Handelns, nach Erfolg strebend und den Erfolg als Kalkül nie aus den Augen verlierend, gehört zum Wesen des Schweizers. Diesen Anliegen konnte Pestalozzi nicht folgen, geschweige denn entsprechen. Für ihn zählte das Wagnis, und wer etwas wagt, also Risiken eingeht, impliziert in seine Bemühungen auch das Scheitern. Pestalozzis pädagogische Modelle sind gut, zur Realisierung gehört Engagement. Er hat sich nie verleugnet, er spielte mit seiner Lebensart, und wer spielt, kann gewinnen oder verlieren. Pestalozzi hat mehr verloren als gewonnen.

Die Nachwelt hat sich mit seinem Namen geschmückt und seine Ideale hochstilisiert, in einem Ausmaß, das die nachvollziehbare Realität fast nur noch anekdotisch zuließ. Pestalozzi war sich selber ausgeliefert und rannte seinen Vorstellungen nach, die ihn schließlich überwältigten.

Eine Einladung des Zaren Alexander, die russische Vorschule zu organisieren, lehnte Pestalozzi ab; er akzeptierte indessen das Angebot der Stadt Yverdon; sie stellte ihm das alte Schloß zur Verfügung. Zur Sicherung der wirtschaftlichen Stabilität seines Instituts, gestaltete er es als Einrichtung für begüterte Söhne; so konnten auch mittellose Zöglinge aufgenommen werden. Mehr als zwanzig Jahre hat Pestalozzi durchgehalten, der Weltruhm als Pädagoge war ihm sicher. Doch dem Triumph folgte die Niederlage.

Pestalozzi war dem Alltag auf Dauer nicht gewachsen, die Widerstände seiner Mitarbeiter überforderten ihn. Mit wenigen Anhängern versuchte er es noch einmal: In Neuenhof, seinem früheren Bauerngut, versammelte er eine Erziehungsfamilie für arme Kinder. Er resignierte und schrieb als verlassener und beschimpfter alter Mann seine letzten Arbeiten, er versuchte, seine Absichten gegen eine häßliche Umwelt zu formulieren. Der Erziehungsgedanke, bewegendes Element der Aufklärung, hat Pestalozzi lebenslang beschäftigt; er wollte ihn leben, vorleben und das Maß zur Erziehung des Menschen bestimmen.

Zu Beginn der autobiographischen Notizen schreibt Pestalozzi: «Ich war von Jugend auf der Narr aller Leute.» Was heißt das? Ein Narr ist vordergründig und hintergründig zugleich, direkt in seinem Anspruch, in

seiner Selbstdarstellung, offen und rätselhaft; er verbreitet unverbindliche Ansichten und meint Definitives. Der Narr tarnt sich und seine Tätigkeiten im Einerlei von Beliebigkeiten; das macht ihn, scheinbar, ungefährlich. Der Narr ist unberechenbar.
Und Pestalozzi? Man kann ihm das Narr-Sein insofern zugestehen, weil er sich über Offizielles hinwegsetzte, Vorschriften und Normen mißachtete und sich selber eher verkleinerte als sich in voller Größe zu präsentieren. Pestalozzi notiert in seiner Selbstschilderung: «Eine Art von gedankenloser Gleichgültigkeit gegen sehr vieles, was meine Mitmenschen vorzüglich auf die Füße oder auch in den Harnisch brachte, gab der Unschuld meines Strebens und der Eigenheit meiner Ansichten und Neigungen eine Art von Narrheitsdauer, die, solange die Welt steht, noch keinem klugen Manne zuteil wurde. Und diese Narrheitsdauer meiner selbst und meiner Eigenheiten bildete dann allmählich in mir ein Bewußtsein meiner grenzenlos standhaften Aufopferungskraft für die Lieblingsgesichtspunkte, die in mir, ich möchte bald sagen, zu fixen Ideen geworden, die aber immer in mir selbst von den nötigsten Fertigkeiten, zu meinen Zwecken zu gelangen, entblößt dalagen.» Narr-Sein oder leben als Narr, Tarnkappen-Attitüde, Verstellung, Harlekin, Clown oder Versager, aber auch Gewinner miniaturhafter Triumphe.
Pestalozzi hat sich dem Leben nie verweigert. 1781 erscheint «Lienhard und Gertrud», ein Trivialroman der Rokokozeit. Das Buch brach als Sensation in die revo-

lutionäre Zeit herein und erregte die Gemüter. Pestalozzi paßt sich der Revolutionsregierung an und erhält 1799 eine Chance. In einem Flügel des Frauenklosters von Stans richtet er ein Kriegswaisenhaus ein, versammelt die Kinder der im Kampf gefallenen Unterwaldner und hofft, sich dort erfolgreich betätigen zu können. Aber sein Wunsch wird zunichte gemacht, das Frauenkloster wird als Lazarett für die französischen Truppen verwendet.

Diese kurze Zeit der Fürsorge und der Versuch, erzieherisch zu wirken, genügen, helvetische Freunde zu mobilisieren. Pestalozzi wird Leiter einer Mustererziehungsanstalt im Schloß Burgdorf, wo eine Schule entsteht. Pestalozzi wird berühmt, spürt das – und resigniert: «Mit dem ersten Tritt, den mein Fuß auf die Schloßtreppe von Burgdorf gesetzt, habe ich mich in mir selber verloren, indem ich eine Laufbahn betreten, in der ich äußerlich nichts anderes als unglücklich werden konnte.»

Sein ursprünglicher Gedanke, den armen Kindern zu helfen, wird zerstört, Ruhm als Tragik wird für Pestalozzi spürbar. Er wird für alles verantwortlich gemacht, was die Schule als öffentliche Erziehungsanstalt repräsentiert. Die Schule bis hinauf zur Universität wurde als notwendiger Weg zum materiellen Wohlstand definiert. Man wollte das Analphabetentum beseitigen und junge Menschen aufziehen, die zwar ihren Namen schreiben, aber die erworbene Bildung menschlich nicht umsetzen konnten.

Sündenbock Pestalozzi. Die «Technokraten» wollten

Bildung als Mittel für einen existentiell materiellen Zweck verstanden wissen und waren im Begriff, Pestalozzis Lehre als Irrtum zu erklären.
Es überrascht nicht, daß der Pfarrer und Dichter Jeremias Gotthelf das Anliegen Pestalozzis genau erkannte und bei den Pestalozzi-Feiern 1846 der Welt vorgeworfen hat, seinen Namen im Erziehungs- und Bildungswesen zu mißbrauchen und ihn als Antipoden zur modernen Schulbildung zu institutionalisieren.
Pestalozzi: der Narr, in seiner Selbstcharakterisierung überzeugend dargestellt als der Andersdenkende, der hellwache Anarchist und Revolutionär.
Sein schriftstellerisches Werk handelt konsequent und trotzig von der Erziehung des Menschen, einer Erziehung des einzelnen zu einer Persönlichkeit, die in der Lage sein sollte, die Gesellschaft zu formen, zu beeinflussen und ihre Strukturen nicht erstarren zu lassen.
«Lienhard und Gertrud», seine didaktischen Arbeiten, seine philosophischen Überlegungen weisen den Weg dahin. Die Tendenz und Vorliebe, in Gleichnissen zu reden, führte Pestalozzi dann auch zur Fabel, die in Lessing einen prominenten und imponierenden Vertreter hatte.
Die Fabel mußte Pestalozzi interessieren, sie kam ihm, als literarisch-pädagogische Form, in allem entgegen. Sie besaß auch die ikonographischen Voraussetzungen: das Tier als Symbol für Verhalten einzusetzen, dem menschlichen Verhalten gleichzustellen und dem Menschen seine Verhaltenstäuschungen und Verhaltensentgleisungen mit Bildern nahezubringen.

Pestalozzi hat aus seinem Lebens- und Lehrkonzept zur Erläuterung seiner Ansichten also – auch – die Fabel benützt. Seine Fabeln können nicht als klassische Fabeln bezeichnet werden. Aber: sie sind Variationen der klassischen Fabel, weitausholende Geschichten oder verkürzte Aufzählungen; die Annäherung erfordert gesunden Menschenverstand und das Vertrauen in eine solide Moral.
Pestalozzi hat die Fabel als Instrument zur Demonstration moralisch vernünftigen Verhaltens eingesetzt. Fritz Ernst, der Zürcher Literaturwissenschaftler, vermerkte: «Es gibt Menschen, die uns alles Zivilisatorische verständlich und wert machen. Ein solcher Mensch, in allen Epochen seines Lebens, war Goethe. Es gibt andere Menschen, die uns alles Zivilisatorische entwerten und entfremden. Ein solcher Mensch, im Laufe seines Lebens immer mehr, war Tolstoi. Pestalozzi steht zwischen beiden, aber näher bei Goethe als bei Tolstoi.»
Jeder Anlaß zu einer geistigen Leistung ist etwas Besonderes. Wenn Fritz Ernst Goethe erwähnt, was kann er gemeint haben? Den «Werther»? Die «Wahlverwandtschaften»? Den «Faust»? Oder Goethe als Homo universalis?
Und Tolstoi? Dachte Fritz Ernst an die «Kreutzersonate»? Gebärden zu Pestalozzis Leben hin. Er war ein genialer Unbegabter. Er machte eigentlich immer das Richtige *und* das Falsche. Man hat ihn nicht verstanden oder nicht verstehen wollen und ihn in eine Rolle gedrängt, die ihm lästig war; er wollte nicht mit

sich selber identifiziert werden, er war immer auf der Flucht vor Rollen.
Und seine Fabeln? Gehören sie zu seinem Œuvre oder sind sie darin ein Fremdkörper? Die erste Ausgabe von 1797 trug den Titel «Figuren zu meinem ABC Buch oder zu den Anfangsgründen meines Denkens». Pestalozzi verstellt sich in den Fabeln nicht. Die politischen und wirtschaftlich-sozialen Bezüge sind unverkennbar. Er hat sich von der klassischen Form der Fabel, dem parabelhaften Duktus, distanziert; viele seiner Fabeln sind Naturgeschichten mit belehrendem Inhalt. Und die Moral ist nicht weit. Aber haben nicht auch Aesop, La Fontaine, Lessing und andere Fabeldichter moralisiert? Pestalozzi tat dies auf seine direkte, unpoetische, mehr praktische Art. Hinweise, Andeutungen, Erklärungen prägen seine Fabeltexte: Fabeln als deutliche Marginalien der aufklärerischen Erziehung zu einem verträglichen Menschengeschlecht. Er sieht in den Tieren, die er beschreibt und in Ausnahmesituationen darstellt, den gefährdeten Menschen, der auf die Gefährdung aufmerksam machen möchte. Pestalozzis Fabeln sind eine Maßnahme gegen die Gleichgültigkeit.
Er hat sich immer wieder gegen das Mittelmaß gewehrt, seine Ansprüche waren nie bescheiden, sein Scheitern war groß, sein Gelingen eine Folge der Zeitumstände und seiner Kompromißlosigkeit. Die Fabeln verdeutlichen mehr sein Wollen als sein Können, aber im Wollenkönnen war er ein Meister; Stoffe, Motive, Absicht und Mitteilung stimmen, ein seltenes Maß an Zuverlässigkeit ist da erreicht.

Pestalozzi als Überwältiger von Systemen; er, der sozusagen systemlos lebte, dachte und handelte, hat ein exaktes System menschlichen Verhaltens entwickelt und gelehrt, das wir Nachgeborene in seiner Eigenart und Einmaligkeit nicht verändern sollten. Pestalozzis Fabeln sind energische Manifeste seiner lebenslangen Nachforschungen über den Menschen, den er in seiner Kompliziertheit verstehen wollte, indem er ihm seine eigene Kompliziertheit entgegenstellte und schließlich daran scheiterte.

Heinz Weder

Zur Auswahl

Die vorliegende Auswahl der Fabeln Pestalozzis basiert auf der großen Werkausgabe:

Pestalozzi, Sämtliche Werke.
Herausgegeben von Artur Buchenau, Eduard Spranger und Hans Stettbacher;
Verlag Walter de Gruyter & Co., Berlin und Leipzig 1927 ff. (ab 1956 Orell Füssli Verlag, Zürich)

Die Auswahl repräsentiert ein Viertel sämtlicher Fabeln. Absicht und Ziel waren es, ein Lesebuch zusammenzustellen. Die allzu belehrenden Fabeln habe ich weggelassen; Kürzungen habe ich mir dann erlaubt, wenn das belehrende Element dominierend wird und Erzähl- oder Fabelanteil zu kurz kommen.

H. W.

Die Deutsche Bibliothek – CIP-Einheitsaufnahme

Pestalozzi, Johann Heinrich:
Fabeln / Johann Heinrich Pestalozzi. Ausgew. und mit einem Nachw. von Heinz Weder. –
Zürich: Manesse Verlag, 1992
(Manesse Bücherei; Bd. 48)
ISBN 3-7175-8195-3
NE: Weder, Heinz [Hrsg.]; Pestalozzi, Johann Heinrich: [Sammlung]; GT

Buchgestaltung
Brigitte und Hans Peter Willberg, Eppstein